# ANALIZA KSIĄŻKI

AF137388

# Antygona

• • • • • • • • • • • • • • • •

## Sofokles

# ANALIZA KSIĄŻKI

Napisany przez Valérie Nigdelian-Fabre
Przetłumaczony przez Kâmil Kowalski

## Antygona

SOFOKLES

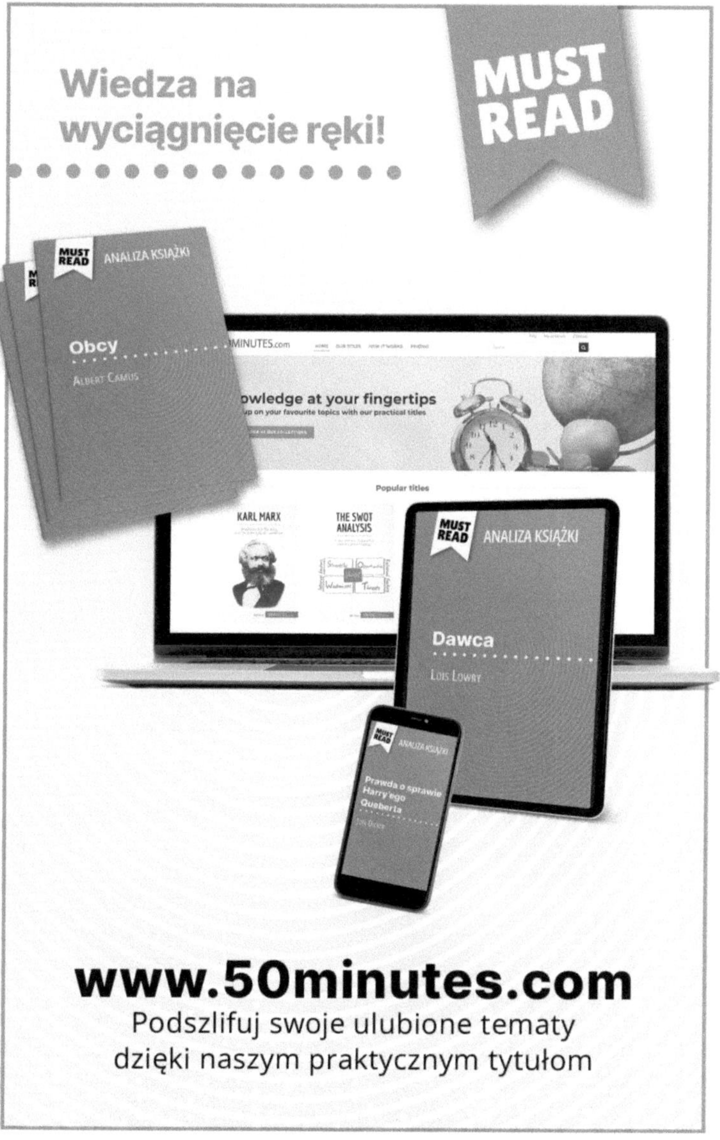
Wiedza na wyciągnięcie ręki!
MUST READ
MUST READ
ANALIZA KSIĄŻKI
Obcy
Albert Camus
MINUTES.com
owledge at your fingertips
Popular titles
KARL MARX
THE SWOT ANALYSIS
MUST READ
ANALIZA KSIĄŻKI
Dawca
Lois Lowry
MUST READ
ANALIZA KSIĄŻKI
Prawda o sprawie Harry'ego Queberta
www.50minutes.com
Podszlifuj swoje ulubione tematy
dzięki naszym praktycznym tytułom

# SOFOKLES

## GRECKI DRAMATURG

- **Urodzony w Atenach w około 496 roku p.n.e.**

- **Zmarł w Atenach w około 406 roku p.n.e.**

- **Godne uwagi prace:**

  - *Antygona* (ok. 442 p.n.e.), tragedia

  - *Philoctetes* (409 BV), tragedia

  - *Edyp w Kolonie* (401 JC – wydany pośmiertnie), tragedia

Obok Ajschylosa i Eurypidesa Sofokles jest jedną z najsłyn-
niejszych tragedii starożytnej Grecji. Urodził się około 496 r.
pne, a zmarł około 406 r. pne. W swoim życiu napisał ponad
100 tragedii, z których do dziś zachowało się tylko siedem. Do
takich tragedii należą Król Edyp i Antygona. W przeciwień-
stwie do swojego poprzednika Ajschylosa, dramaty Sofoklesa
nie skupiają się na chórze (grupie wykonawców komentują-
cych akcję dramatyczną wspólnym śpiewem i rozmową), ale
raczej na wewnętrznych myślach i uczuciach bohaterów. W
poetyce Arystotelesa Sofokles i jego dzieło są często cyto-
wane jako ostateczny model greckiej tragedii.

# ANTYGONA

## NARODZINY LEGENDY O EDYPIE

- **Gatunek:** sztuka teatralna (tragedia)

- **Wydanie źródłowe:** Sofokles [bez daty] *Antygona*. [online]. Trans. Fitz, D. i Fitzgerald, R. [dostęp 12 lipca 2016]. Dostępny w: < https://mthoyibi.files.wordpress.com/2011/05/antigone _2.pdf>.

- **Pierwsze wydanie:** około 442 r. p.n.e.

- **Tematy:** mitologia, przeznaczenie, rewolucja, dwoistość, miłość, władza, śmierć.

Po raz pierwszy wystawiona około 442 r. pne. Antygona jest prawdopodobnie najsłynniejszą tragedią grecką. Pozostaje aktualna przez wieki, często poprzez reinterpretację i ponowne odkrycie. Antygona to ostatnia z tebańskich sztuk Sofoklesa, seria trzech sztuk z udziałem Króla Edypa i Edypa z Kolona. W Antygonie pisarstwo Sofoklesa pokazuje oczekiwanie, że widzowie będą mieli jakąś wcześniejszą wiedzę na temat historii rozgrywającej się w poprzedniej sztuce.

Spektakl obraca się wokół Antygony, córki/siostry Edypa i strasznego losu, który ją czeka. Kiedy jej bracia Eteokles i Polinejkes zabili się nawzajem w walce o władzę w Tebach, Kreon zadekretował, że Polinejkes nie powinien być pochowany, ale powinien leżeć martwy na polu bitwy. Antygona stawia opór i uświęca ciało Polinejkesa podczas świętej ceremonii. Ostatecznie w wyniku różnych zdarzeń została skazana za swoje czyny na śmierć i okazała się ucieleśnieniem sprzeciwu wobec władz reżimu.

# PODSUMOWANIE

## PROLOG

Sztuka rozpoczyna się dzień po tym, jak dwaj synowie Edypa, Eteokles i Polinejkes, zabili się nawzajem w wojnie domowej w Tebach. Antygona powiedziała swojej siostrze Ismene, że jej wujek Kreon nakazał nie grzebać ciała Polinejkesa i nie odprawiać pogrzebu. Antygona jest gotowa zaryzykować życie wbrew rozkazom Kreona.

## PARODOS: WEJŚCIE CHÓRU

Chór opowiada o udręce, w której zatriumfowały Teby. Od wygnania jej ojca (Sofokles opowiada tę historię w Edypie z Kolonii) Eteokles i Polinejkes zgodzili się dzielić odpowiedzialność za tron tebański i na zmianę rządzić przez rok. Miało to złamać klątwę Edypa, który przepowiedział, że się pozabijają. Ale kiedy nadszedł czas, Eteokles odmówił zrzeczenia się korony, a jego brat Polinejkes odpowiedział, zbierając armię składającą się z siedmiu ludzi, aby stoczyli wojnę z Tebami (467 pne). Wszyscy oprócz jednego giną w bitwie, pozostawiając dwóch "braci krwi / w obliczu niezrównanego gniewu / wzajemnych prób śmierci innych / długich starć bojowych". (linie 119-125).

# SCENA I

Kreon, nowo obwołany król Teb, nakreśla swoją wizję i zasady panowania, mocno akcentując gorliwy patriotyzm, którego oczekuje od wszystkich poddanych. Widząc w zmarłym Polinejkesie przeciwieństwo, kogoś kto prowadził wojnę z własnym miastem, Kreon deklaruje, że nikt nie będzie dotykał ciała Polinejkesa i nie zostanie on pochowany. Z kolei jego brat Eteokles w chwili śmierci jest gloryfikowany jako patriota i bohater. Kiedy wartownik przychodzi oznajmić, że ciało Polinejkesa zostało znalezione pokryte pyłem po symbolicznym pochówku, Kreon każe mu znaleźć winowajcę lub samemu skazać się na śmierć.

# SCENA II

Antygona została aresztowana zakrywając ciało Polinejkesa po tym, jak została zauważona przez strażników. Przyłapana na miejscu rozwścieczona Antygona nie waha się przyznać do swojego czynu. Sprzeciwia się Kreonowi, stanowczo broni Bożej sprawiedliwości i potępia rozkazy Kreona jako arbitralne i niemoralne. Odmawia pomocy siostry Ismene, która próbuje zrzucić winę na siebie. Ratuje życie Ismene. Dzięki Ismene widz dowiaduje się, że Antygona jest zaręczona z synem Kreona, Hajmonem.

# SCENA III

Pojawia się Hajmon. Publicznie deklaruje wierność swojemu ojcu Kreonowi, ale próbuje przekonać go, by nie zabijał Antygony, mówiąc, że Tebańczycy są jej przeciwni. Creon ignoruje twierdzenia Hajmona i zaczyna się między nimi roz-dźwięk. Stanowi to bodziec do zastanowienia się nad naturą samej demokracji.

Po odejściu Hajmona w furii, Kreon nieco zmniejsza karę, którą początkowo planował dla dwóch sióstr. Uwalnia Ismenę i każe pogrzebać Antygonę żywcem w grobowcu, zamiast ukamienować.

## SCENA IV

Pogodzona ze swoim losem Antygona trafia do żywego gro-bowca i lamentuje nad życiem kobiety, którego nigdy nie będzie wiodła, jej życie zostało brutalnie skrócone jako mło-dej dziewczyny świeżo po zakończeniu dzieciństwa.

## SCENA V

Wchodzi niewidomy prorok Tejrezjasz i ostrzega Kreona, że ciało Polinejkesa musi zostać natychmiast pochowane, ponieważ rozgniewa to bogów i sprowadzi katastrofę na wszystkie Teby. Kreon początkowo oskarżył Tejrezjasza o kłamstwo i korupcję, ale po długiej dyskusji zgodził się go pochować. W końcu, w obliczu groźby epidemii dżumy, wypuścił Antygonę i nakazał poddać jej ciało obrzędom pogrzebowym Polinejkesa i należycie pochować, stwierdza-jąc: "Prawa bogów są potężne i trzeba im służyć / Aż do ostat-niego dnia życia!" (w. 879-880).

## SCENA VI

Przybywa posłaniec, który informuje chór i Eurydykę – żonę Kreona i matkę Hajmona – o tragicznym końcu, jaki spotkał młodych kochanków: Antygona powiesiła się, Hajmon próbował zaatakować ojca, po czym zabił się na jego oczach. Na wieść o tym Eurydyka wycofuje się w milczeniu.

Po powrocie do pałacu Kreon musi pogodzić się ze swoją straszną pomyłką, ale jego los staje się jeszcze gorszy: Eurydyka również popełnia samobójstwo. Dla Kreona jest już za późno, jest przeklęty na wieki. Ubolewa nad własnym losem: "Zabiłem mojego syna i moją żonę. / Szukam pociechy; moja pociecha leży tu martwa. / Cokolwiek moje ręce dotknęły, na nic się nie zdało." (wersy 1035-1038).

## EXODUS: WYJŚCIE CHÓRU

Chór ujawnia prawdziwy morał tej historii: "Nie ma szczęścia tam, gdzie nie ma mądrości; / Nie ma mądrości, ale w poddaniu się bogom." (wersy 139-140).

# STUDIUM POSTACI

## ANTYGONA

Antygona jest siostrą Edypa i jego córką. Jest ofiarą klątwy ciążącej na długim rodzie Labdacidów.

Jest młodą kobietą i nadal jest dziewicą. Jest samotna, krucha i silna w obliczu niebezpieczeństw i tyranii Kreona (aktorstwo) oraz obrazy rewolucyjnej, streszczającej się w następujących słowach: "Jaki ojciec, taka córka: Oboje są uparci i irracjonalni!" (wiersz 375). Broni miłości przed politycznym racjonalizmem, a idealizmu przed realizmem. Jest cnotliwa, niezłomna i moralna. Hegel nazywa ją najszlachetniejszą istotą na ziemi. Ale jeśli Antygona popełnia samobójstwo i wybiera śmierć, to można powiedzieć, że jej śmierć staje się swoistym fanatycznym fundamentalizmem który przeciwstawia się Kreonowi, symbolowi nacjonalizmu i sekularyzmu.

## CREON

Kreon jest bratem Jokasty, a więc naturalnym następcą tronu Teb po tym, jak synowie Edypa pozabijali się nawzajem. Początkowo przedstawiony jest jako postać o władzy absolutnej, mówiąc o obowiązkach i trudnościach związanych z rządzeniem. Wersy: "Człowiek, który umie być posłuszny, i tylko ten człowiek, / Umie wydawać rozkazy" (wersy 530-1), pokazują go jako wcielenie porządku społecznego, posłuszeństwa obywatelskiego i dyscypliny. Szybko jednak wychodzi na jaw, że jest bezlitosnym tyranem, dumnym i warcholskim. Przymyka oko na wszelkie sprzeciwy, nawet jeśli pochodzą one od jego własnego syna. Jedyne, co w końcu zmusza go do zmiany postępowania, to groźba kary ze strony bogów, ale to już za mało i za późno.

##  DOBRZE WIEDZIEĆ: LABDACIDS

Po tym jak Europa, córka Agenora, została porwana przez Zeusa, który przybrał postać potężnego byka, jej jej brat Kadmos wyruszył na jej poszukiwanie. Jednak za radą wyroczni Kadmos zrezygnował z poszukiwania Europy i założył miasto Teb. Ożenił się z Harmonią, córką Aresa i Afrodyty. Mieli troje dzieci: Agawę, której potomkami mieli być Kreon i Jokasta, Semele, matkę Dionizosa, oraz Polydrosa, ojca Labdacusa. Potomkowie Labdacusa znani są jako Labdacidowie; Edyp należał do tej linii rodowej. Po śmierci Labdacusa jego syn Laius został oddany pod opiekę regenta Pelopsa. Laius zakochał się w synu Pelopsa i uprowadził go – to rozwścieczyło Herę, która przeklęła go i wszystkich jego potomków. Później wyrocznia w Delfach ostrzegła go, że nie może mieć nigdy dzieci, jeśli chce ocalić miasto Teb i uchronić się przed śmiercią. Laius nie posłuchał jednak tej rady i miał syna z Jokastą. Dziecko – Edyp – porzucone na górze Cithaeron, zostało jednak przygarnięte przez pasterza i adoptowane przez króla i królową Koryntu. Jako mężczyzna Edyp usłyszał od wyroczni w Delfach straszną przepowiednię, że zabije ojca i poślubi matkę. Aby uniknąć klątwy, uciekł z Koryntu i udał się do Teb, nieświadomie maszerując ku własnemu strasznemu losowi. Po drodze spotkał Lausa i zabił go w gwałtownym starciu.

Po przybyciu do Teb Edyp udzielił prawidłowej odpowiedzi na zagadkę Sfinksa, dzięki czemu zdobył tron i rękę królowej Jokasty; przepowiednia się spełniła. Tebę przeklęto więc przez kazirodztwo i morderstwa oraz nawiedziła ją tajemnicza epidemia. W nadziei na zakończenie epidemii, Tebanie poszukiwali osoby, która zabiła Lejosa i stopniowo poznawali straszną prawdę. Jokasta powiesiła się, nie mogąc znieść tego, co się stało. Uznając matkę/żonę za zmarłą, Edyp oślepił się jej broszką i opuścił Tebę, pozostawiając swoich synów, którzy padli ofiarą klątwy.

## ISMENE

Ismena jest siostrą Antygony. Bardziej spokojna i rozważna niż siostra, wykonuje polecenia i jest świadoma możliwych konsekwencji swoich działań. Na początku jest realistką, ale wkrótce ryzykuje własnym życiem, by ocalić siostrę.

Ismene nie pojawia się jako postać w poprzednich wersjach tej mitologicznej historii. Kiedy jednak Sofokles zmaga się ze sporem o ciało Polinejkesa i nakazem Kreona, by go nie grzebać, wprowadzenie Ismeny stawia przed dramatopisarzem moralne pytanie, co do właściwego postępowania w takich okolicznościach. Rodzi to radykalizm.

## HAJMON

Hajmon był posłusznym i szanowanym synem swoich rodziców Kreona i Eurydyki, ale zmienił wszystko, przeciwstawiając się ojcu i broniąc Antygony, z którą był zaręczony. Przed popełnieniem samobójstwa splunął ojcu w twarz. Hajmon jest reprezentantem młodzieży, ludu i demokracji. Jest to dokładne przeciwieństwo Kreona, uosobienia starości i tyranii. Podsumowując, Ismene i Hajmon są skromnymi odzwierciedleniami Antygony i Kreona i można je rozumieć jako personifikacje radykalizmu i prawdziwych bohaterów kina akcji.

## CHÓR

Chór składa się z obywateli ateńskich, którzy są przebrani i zamaskowani. Ich rolą jest komentowanie akcji poprzez pieśni i mowy, a ich wtręty przerywają różne sceny sztuki. Słowa chóru stawiają go w pewnym oddaleniu od akcji i w pewnym sensie nabierają własnego życia. Dzięki temu chór staje się jednocześnie idealnym widzem i łączy się z tym, co uniwersalne, jako zbiorowa manifestacja ludzkiej kondycji. Ta uniwersalność znajduje szczególny oddźwięk w pieśni o miłości, która następuje po dialogu Hajmona i Kreona oraz w odzie o triumfie człowieka nad naturą.

# ANALIZA

## MITOLOGIA

Podobnie jak większość zachowanych tragedii greckich, Antygona Sofoklesa jest inspirowana mitem o początkach cywilizacji greckiej, przekazywanym ustnie od niepamiętnych czasów. Najważniejszym epizodem mitologii greckiej dla dramatu jest wojna trojańska. Prawie połowa tragedii, które przetrwały próbę czasu, dotyczy tej części historii. Z kolei trylogia Sofoklesa opowiada historię Rhabdaszydów – rodu zapoczątkowanego przez Kadmosa, założyciela Teb – i ich przeklęty los. Jest to trzecia chronologicznie po Edypie z Kolonii sztuka, w której Edyp zostaje wygnany i umiera. Mimo to Antygona została napisana przed innymi sztukami i skupia się na jednym aspekcie mitu, który był mało zbadany, zanim Sofokles uczynił go tematem swojej pracy, a mianowicie na ciele Polinejkesa skazanym na leżenie bez pochówku i bez poświęcenia.

## BOHATER: SAM PRZECIWKO ŚWIATU

Spośród siedmiu zachowanych sztuk Sofoklesa, sześć ma tytułowych bohaterów lub bohaterki, co oznacza, że dzieło nazwane jest imieniem jednej z jego postaci (*Ajax, Electra, Philoctetes* itd.). Taka dedykacja pokazuje nacisk Sofoklesa na postać jednostki stojącej w obliczu przeciwności losu, niewzruszonej i zdeterminowanej. Bohaterowie Sofoklesa są zazwyczaj samotni i zdecydowani; często są to młode kobiety, które przeciwstawiają się kompromisom związanym z wchodzeniem w wiek dojrzały. Ci radykalni bohaterowie są osadzeni na tle teatralnych innowacji, które Arystoteles przypisuje Sofoklesowi: Sofokles dodał trzeciego aktora do swoich fabuł, gdzie tradycyjnie było tylko dwóch. To dodaje nowy wymiar złożoności do fabuły i pozwala na prawdziwą eksplorację psychologicznych niuansów postaci. Odizolowany i uparty, sofoklesowy bohater jest skazany na tragedię, czy to przez własne działania, czy przez próbę ucieczki przed wolą bogów. Ajax zabija się mimo rozpaczliwych wysiłków rodziny, Electra doprowadza swoje pragnienie zemsty do śmiertelnego ekstremum, a Antygona wybiera śmierć nad posłuszeństwo. Ten destrukcyjny radykalizm jest połączeniem wolnej woli i przeznaczenia. Inspiruje i kształtuje potężne mechanizmy tragedii i obdarza sztuki sofoklesowe prawdziwym poczuciem wzniosłości; ponad postaciami w sztuce są wielkie siły, które mają absolutną władzę i mogą żądać ostatecznej ofiary.

## ANTYGONA: SZTUKA ZBUDOWANA NA BINARNEJ OPOZYCJI I DWOISTOŚCI

*Antygona* zbudowana jest wokół serii sprzecznych i nieredukowalnych przeciwieństw, które wspaniale przepływają przez cztery sceny agonalne – kolejne sceny, w których dwie postacie przeciwstawiają się sobie i które badają kontrastujące wartości i idee. Sofokles wymyślił stichomię – teatralne urządzenie, w którym dwie postacie mówią na przemian wersy wiersza. Pozwala to dramaturgowi na budowanie dramatycznego napięcia oraz na dramatyczne przedstawienie ostrych przeciwieństw, które wydają się coraz bardziej nie do pogodzenia. Na przykład, kiedy Kreon oświadcza: "Wróg jest wrogiem, nawet martwy." (linia 417), Antygona odpowiada "To może być natura, aby połączyć się w miłości, a nie nienawiści." (418). Ta wymiana zdań zmierza do dramatycznej riposty Kreona: "Idź więc do nich; jeśli musisz mieć swoją miłość, / Znajdź ją w piekle!" (419-20). Debata nieuchronnie prowadzi do niemożliwego dialogu, który zakończy się śmiercią.

- Pierwszą przejmującą sceną jest kłótnia Ismeny i Antygony o pochówek ich zmarłego brata. Ich kłótnia zaczyna się delikatnie i czule, ale szybko zmienia się w gwałtowny sprzeciw między Antygoną, która chce odprawić święte obrzędy na ciele swojego brata wbrew rozkazom Kreona, a Ismeną, jej praktycznym fatalizmem.

- Kolejna rozgrywka toczy się między Antygoną a Kreonem i można ją czytać z wielu perspektyw, co czyni ją jeszcze bardziej adekwatną do mistrzowskiego dramatu i poezji Sofoklesa. Scena ta ukazuje konflikt między świętą miłością między rodzeństwem, a racjonalną obiektywnością narodu: sprawiedliwością społeczną na ziemi i prawem boskim sprzecznym z rozumem. Ale może to być również postrzegane jako badanie młodości i starości w odniesieniu do idealizmu politycznego lub realizmu politycznego. Ponadto na scenie pojawiają się inne wymiary tematyczne, takie jak jednostka kontra społeczeństwo, natura kontra kultura, a nawet żywi kontra umarli. Wreszcie scena silnie eksploruje kontury konfliktu między mężczyznami i kobietami, z Antygoną reprezentującą wolność i gniew patriarchatu. Jest w końcu dziewczyną znajdującą się pod wpływem absolutnego patriarchatu, broniącą swojej niezależności, wolnej woli i prawa do oceny wydarzeń według własnego kompasu moralnego.

- Po tym następuje gorąca dyskusja między Haemonem a Kreonem. Początkowo charakteryzuje się ona posłuszeństwem i solidarnością, ale wkrótce zwraca się w kierunku buntu. Obrazuje to nie tylko syna przeciwko ojcu, ale bardziej uniwersalnie – niewolnika przeciwko tyranowi. Haemon szybko porzuca rolę posłusznego syna i odrzuca arbitralne rządy ojca ("To nie jest żadne Miasto, jeśli przyjmuje rozkazy od jednego głosu.", wiersz 597). Posuwa się do tego, że złośliwie obraża i grozi ojcu – "Gdybyś nie był moim ojcem, / Powiedziałbym, że jesteś przewrotny." (wiersze 615-616).

- Ostatni dialog opozycyjny odbywa się między Kreonem a Tejrezjaszem, rzucając światło na walkę ludzi z bogami i porządku naturalnego z porządkiem boskim. Kreon jest zaślepiony nienawiścią i nie jest w stanie uznać własnej winy, teraz, gdy Tebę "splamiono zepsuciem psów i ptaków padlinożernych / Które połakomiły się na zwłoki syna Edypa." (wersy 798-799). Obraża Tejrezjasza i sprowadza w ten sposób kolejną klątwę na siebie i swoją rodzinę.

W ten sposób spektakl ilustruje, jak z systemu zbudowanego z różnic nie do pogodzenia, bez możliwości kompromisu co do zasad i użycia siły, może wyniknąć tylko katastrofa.

## KRAINY ŻYWYCH I UMARŁYCH

Głównym sporem w fabule jest prawo do świętego pochówku i świętego rytuału. W kontekście sztuki obrzędy te są niezbędne dla zmarłych, których duchy w przeciwnym razie będą skazane na wieczną wędrówkę, nigdy nie zaznając spokoju. Jednak mają one również prawdziwe znaczenie dla żywych, ponieważ nieuświęcone zwłoki niosą ze sobą klątwy bogów. Groźba złowrogiej boskiej interwencji ciąży nad całą sztuką; podczas gdy ciało Polinejkesa zostaje pozostawione na pastwę losu, stając się łupem dzikiego ptactwa i psów, Antygona zostaje pochowana żywcem w grobowcu. W ten sposób dochodzi do pomieszania świata żywych z królestwem umarłych, co z kolei sprawia, że Tebami stają się miastem naruszającym boskie prawo, a tym samym stanowiącym prawdziwe zagrożenie dla całego kosmicznego porządku. Aby przywrócić normalność, Kreon musi ustąpić.

## TRAGICZNA IRONIA

Sofokles jest mistrzem ironii tragicznej. Tragiczna ironia w teatrze wynika z kontrastu między widzami, którzy wiedzą, że działania bohatera prowadzą do tragedii, a nieświadomością samego bohatera. Ten rozdźwięk między wiedzą publiczności a wiedzą bohaterów prowadzi do subtelnej dialektyki między własną sprawczością bohaterów a boskim przeznaczeniem. Choć bohater uważa się za wolnego, jego postać jest zazwyczaj przedstawiana jako pionek w Grze Bogów.Król Edyp szczególnie błyskotliwie wykorzystuje tragiczną ironię, gdy próbuje uciec od swojego losu, uciekając przed przepowiednią. Ta ironia sprawia, że stopniowe rozumienie sytuacji przez Edypa jest jeszcze bardziej tragiczne, a jego kulminacją jest przerażający punkt zrozumienia, w którym sam się zaślepia. Losy Antygony również wydają się być zapisane w gwiazdach. Jest potomkinią Rhabdakos i dlatego nosi klątwę Rhabdakos, kwestionując własną wolność i odpowiedzialność za swoje czyny jako przeklętego dziecka Edypa.

# DALSZA REFLEKSJA

## KILKA PYTAŃ DO PRZEMYŚLENIA...

- Jacques Lacan (francuski psychoanalityk, 1901-1981) nazywa Antygonę idealną ofiarą w jej własnym wyborze na potępienie. Zauważył, że Sofokles odróżnia się od innych pisarzy poprzez tworzenie bohaterów, którzy zawsze kończą na ostatnim miejscu. Omów tę myśl.

- Czy ofiara Antygony jest reprezentatywna dla ceny, jaką trzeba zapłacić za bunt przeciwko porządkowi?

- Jak nacisk Sofoklesa na indywidualizm kłóci się z więzami społecznymi wśród jego bohaterów? Jak łączy się to z ideą obywatelstwa i jak byś je zdefiniował?

- Antygona zrywa z tradycyjnymi rolami kobiecymi i występuje przeciwko patriarchalnej władzy. Omów wypowiedź Ismene. "Jesteśmy tylko kobietami, / Nie możemy walczyć z mężczyznami, Antygono!" (wiersz 47-48).

- Antygona jest postacią, która na wiele sposobów jest określona przez swoją rolę w relacji z potężnymi mężczyznami; córką Edypa i narzeczoną Hajmona. Biorąc pod uwagę te ograniczenia, jak konstruuje i wyraża swoją niezależność?

- Antygona reprezentuje postać wolności, anarchii, rewolucji i oporu. Omów, jak pisarstwo Sofoklesa i struktura sztuki pozwalają jej ucieleśnić te pojęcia.

- Jak starożytna mitologia może być aktualna w czasach współczesnych?

- Podczas gdy tragedia grecka miała swój szczyt kulturowy w Atenach, jakie innowacje techniczne wniósł do gatunku Sofokles?

- Antygona przekonuje, że jej "zbrodnia jest święta" (wiersz 56). Omów pojęcia zbrodni i boskości w spektaklu.

- Kreon twierdzi, że miastem musi rządzić absolutny przywódca, ale sztuka może być postrzegana jako orędownik innej wersji greckiej demokracji – omów ten kontrast i koncepcje rządzenia przedstawione w *Antygonie*.

# PRZECZYTAJ TAKŻE

## WYDANIE REFERENCYJNE

Sofokles [bez daty] *Antygona*. [online]. Trans. Fitz, D. i Fitzgerald, R. [dostęp 12 lipca 2016]. Dostępny w: < https://mthoyibi.files.wordpress.com/2011/05/antigone_2.pdf>.

## ADAPTACJE

*Antygona* była przedmiotem różnych reinterpretacji i adaptacji teatralnych, co świadczy o jej uniwersalności i aktualności nawet dzisiaj. Niektóre godne uwagi przykłady to:

Garnier, R. (1580) *Antigone ou la Piété*.

Rotrou, J. (1637) *Antygona*.

Alfieri, V. (1776) Antigone. Sztuka koncentrująca się na politycznym wymiarze *Antygony* Sofoklesa.

Cocteau, J. (1922) *Antygona*. Pierwsza nowoczesna adaptacja sztuki.

Anouilh, J. (1944) *Antygona*.

Brecht, B. (1948) *Antygona*.

Bauchau, H. (1997) *Antygona*.

*Chcemy usłyszeć od Ciebie, co się dzieje!*
*Zostaw komentarz na temat swojej internetowej biblioteki*
*i podziel się swoimi ulubionymi książkami w mediach społecznościowych!*

www.50minutes.com

Master ISBN: 9782808693899
Papierowy ISBN: 9782808615297
Depozyt prawny: D/2023/12603/1809

Verhaal: © Primento

Projekt cyfrowy: Primento, cyfrowy partner wydawców.